Tíitulo: "El Manifiesto del HaloHábitat"
Autor: Elías Peres
Primera Edición
Enero 2014
Copyright © U.S. Library of Congress

ISBN-13: 978-1494875565

Una visita temática a

El Manifiesto del HaloHábitat

con vuestro guía turístico Elías Peres

Dedicado a mi padre, él era un catedrático en Ecología; y a mi entusiasta nietecito, él dice que quiere ser un Paleontólogo.

El Manifiesto del HaloHábitat

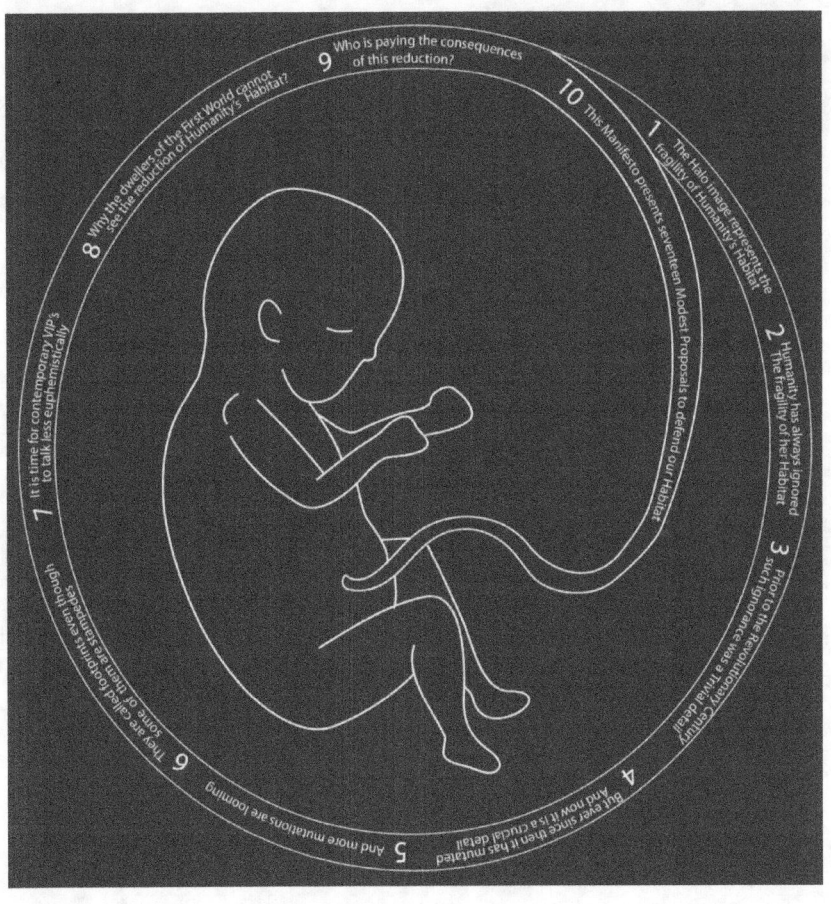

por Elías Peres

Y Dios le dijo a Adán: *"Ten cuidado en no destruir Mi mundo; pues si tú lo destruyes, nadie vendrá a repararlo después de tí."*

Midrash Eclesiastés

El Manifiesto del HaloHábitat

1) La imagen Halo representa la fragilidad del Hábitat de la Humanidad.
2) La Humanidad siempre ha ignorado la fragilidad de su Hábitat.
3) Antes del Siglo Revolucionario, tal ignorancia era un trivial detalle.
4) Pero, muy desde entonces, ella ha mutado y ahora es un crucial detalle.
5) Y más mutaciones están asomando.
6) Ellas son llamadas huellas, pese a que algunas son estampidas.
7) Es hora que los VIPs contemporáneos hablen menos eufemísticamente
8) ¿Por qué los moradores del PrimerMundo no pueden ver el deterioro del HaloHábitat?
9) ¿Quién está pagando las consecuencias de este deterioro?
10) Este Manifiesto presenta diecisiete Modestas Propuestas para defender nuestro HaloHábitat.

1.-La imagen Halo representa la fragilidad del Hábitat de la Humanidad

El concepto HaloHábitat se refiere a una interfaz excepcional, que ocupa un lugar muy específico y cumple funciones muy particulares.
Tal interfaz brilla entre la faz exterior de la Corteza del Planeta Tierra y la faz interior de su Atmósfera; y una de sus funciones consiste en albergar colonias VIABLES de seres humanos.

Yo, vuestro guía turístico por hoy, os recomiendo que imaginéis al HaloHábitat como una delgada capa de pintura fluorescente que cubre algunas áreas de nuestro planeta. Su espesor (3.2 millas ó 5 kilómetros) es menos de un milésimo (0.0008) del radio de la Tierra (4000 millas ó 6400 kilómetros).
[Clave de espesor: 1000 finas capas de pintura = 1 pulgada = 250 hojas de papel de oficina]   [1 hoja = 4 HaloHábitats]

Hoy en día, cuando hablamos de nuestro Hábitat, casi todos tendemos a agarrar términos "versátiles" y a mezclar sus significados. Para evitar futuras confusiones, este tour empieza con una revisita del preciso significado de algunos términos "no-tan versátiles":

BióSfera: Esta es la **capa** en la periferie del Planeta Tierra donde sí puede existir vida. Hay vida en los polos y en los desiertos; así como en el fondo de los oceános cerca de las calderas donde agua y lava se dan cita. [Espesor: 9.6 millas ó 15 kms ⇨ 6.4 millas debajo del nivel del mar; 3.2 millas sobre el nivel del mar]

AntropoBióSpera: Esta es la **capa** dentro de la BióSfera donde sí puede existir vida humana. Como esta **capa** empieza al nivel del mar; ella coincide completamente con el **estrato** inferior de la AtmóSfera. [Espesor: 3.2 millas ó 5 kms].

AtmóSfera: Esta es la **capa** gaseosa que rodea a nuestro planeta.

AeroEsfera: Este es el **estrato** inferior de la AtmóSfera, su densidad de aire respirable es adecuada para los seres humanos promedio. [Espesor: 3.2 millas ó 5 kms immediatamente sobre el nivel del mar.]

AntropoEsfera: Esta es una **red** circunferencial tejida por la **_diaria_** influencia de la Humanidad. Esta **red** rodea la Tierra; se zambulle hasta

6.4 millas (la minería profunda, las perforaciones petroleras, el sondeo de los abismos marinos); y se eleva centenares, incluso miles, de millas (los satélites de comunicaciones, las estaciones tripuladas).

Suelo, Tierra-Firme, Masa-Sólida. Estos nombres corresponden a ése 30% de la Superficie-Terrestre no cubierto por la Masa-Líquida (oceános y mares).

Es preciso notar que una vasta área de la Tierra-Firme no es factible para agricultura o habitación humana (el 30% de este 30% es desierto).

Superficie-Terrestre, Corteza-Terrestre, Faz-Terrestre. Estos son nombres empleados más a menudo que su sinónimo Piel-Terrestre; quizás porque aquéllos suenan más resilientes que éste.

En el zenit del Monte Everest, el radio terrestre alcanza las 4035 millas. Desde su centro hasta su superficie, nuestro planeta presenta cuatro **capas** concéntricas: el Núcleo Interno (espesor: 800 millas), el Núcleo Externo (espesor: 1400 millas), el Manto (espesor: 1800 millas), y la LitóSfera (espesor: casi 35 millas).

El término LitóSfera significa "esfera-de-roca" y se refiere a una **capa** de roca quebradiza; el estrato inferior de esta **capa** interactúa con el Manto, mientras el estrato superior se convierte en... la Corteza!

La Corteza está compuesta mayoritariamente por basalto; esta básica roca construye el piso de los oceános y el basamento de los continentes. Los continentes son agregados de roca granítica, la cual es más liviana que la basáltica.

La fría y solidificada LitóSfera flota en el caliente y viscoso Manto; pero este paseo cobra un tributo: la LitóSfera es incesantemente reconfigurada. (He aquí el origen de placas tectónicas, fisuras, terremotos, tsunamis, fósiles de criaturas de mares ancestrales encontrados en las laderas de modernas montañas, yacimientos petrolíferos, mesetas que antes estuvieron en el fondo de los mares y ahora son fértiles serranías.)

Globo-Terrestre: La circunferencia ecuatorial del Planeta Tierra alcanza las 24901 millas (40075 kilómetros); a la velocidad típica de una caminata --3.2 mph ó 5 kph-- un excursionista usaría 8000 horas para cubrir tal distancia. Por otro lado, una hora es más que suficiente para pasear una distancia igual a la del espesor del HaloHábitat.

2.-La Humanidad siempre ha ignorado la fragilidad de su Hábitat

Hacia este año 2014, 7.5 billones de seres humanos pueblan el Planeta Tierra; de entre ellos, se estima que 2.5 billones creen que hay calentamiento-global, 2.5 billones niegan que hay calentamiento-global, y 2.5 billones están muy atareados como para unirse a este debate. [100÷3=33.33]

En segundo lugar, entre aquéllos que creen que hay calentamiento-global: Un tercio señala el impacto humano. Otro tercio culpa otros grandes factores. Y el último permanece indeciso. [33.33÷3=11.11]

En tercer lugar, entre quienes implican a la Humanidad: Un tercio (los Activistas) están seguros que los seres humanos podemos revertir el calentamiento-global. Otro tercio (los Fatalistas) creen que ya no podemos revertirlo. Y el último (los Oportunistas) buscan sacar ventaja de esta situación. Una evidencia de ésto es que numerosos Oportunistas se han tornado en Negadores del calentamiento-global. ¿Cómo así? Ellos han comprendido que tal negativa es lucrativa (por ejemplo: vender bungalows en zonas inundables), y/o los mantiene en el poder (los políticos y magnates saben muy bien que muchos votantes e inversores son sinceros Negadores). [11.11÷3=3.70]

Finalmente, entre los Activistas: Un tercio (los ProActivistas) claman que el calentamiento-global es un asunto grave y urgente. Otro tercio (los RetroActivistas) arguyen que este tema es serio pero no es urgente. Y el último (los DesActivados) prefieren confiar en esos gestores que aseguran el calentamiento-global no es grave ni urgente y que, en cualquier evento, la burocracia y la tecnología sabrán cómo manejarlo. [3.70÷3=1.23]

Ahora bien, no es ésto asombroso? ¿Apenas el uno por ciento de seres humanos contemporáneos YA ven al calentamiento-global como una condición urgente y potencialmente letal?

Bueno, tan pequeño número de ProActivistas (yo me incluyo entre ellos) no debería sorprendernos. ¿Cómo podemos aspirar a ganar más simpatizantes si nosotros mismos socavamos nuestro caso?

Vosotros tenéis razón, esto suena como una ironía, "socavando nuestro propio caso"? .... ¿Cómo?

Nosotros incurrimos en tal situación cuando empleamos el titular "calentamiento-global". Quizás éste es un buen momento para admitir que nuestros pioneros eligieron una tosca caracterización de doña HaloHábitat (ella no es un globo, ella es una interfaz), y presentaron un caso fácil de desacreditar ("calentamiento" puede atribuirse a muchos y muy variados factores; y algunos de ellos se neutralizan mutuamente).

Tan inadecuado titular impulsó a varios colegas ProActivistas a presentar un substituto, "cambio-climático"; pero hay un problema: Tal substitución ha producido un resultado inesperado; ella hizo más fácil el trabajo de los Negadores! ¡Y éstos no desaprovecharon esta ocasión! Escuchemos algunos comentarios de dos suertudos Negadores:

Primero, las de un Negador del calentamiento-global:

Cuando vosotros Calentadores decís "global" y os referís al Globo Terráqueo, vosotros debéis tener presente tres detalles: a) En la escala planetaria, la Tierra es una robusta veinteañera; ella tiene sólo 4.5 billones de años de edad! b) Los mejores y más fructíferos eones de su vida la están esperando. c) La temperatura del núcleo interno de la Tierra es igual a la temperatura de la superficie del Sol; por lo tanto ...por favooor! ....no me vengáis a mí con vuestras angustias acerca del "calentamiento"!!

Ahora bien, si vosotros os referís a la BióSfera; cuál elemento de ella os preocupa más? El aire, el suelo, el agua? Las otras formas de vida que comparten la BióSfera con la especie humana? Habéis oído de Pinatubo y Krakatoa? Sabíais vosotros que la Caldera Yellowstone está a punto para una gran erupción? Un sonoro eructo de un super-volcán puede afectar toda la BióSfera al alterar la AtmóSfera y reflejar la luz solar. Ahí sí que vosotros Calentadores tendréis que véroslas con el Congelamiento-Global!!

Luego, las de un Negador del cambio-climático:

¡Vaya Calentadores!!... ¿Cuál parte de "impreciso" no véis? Si "calentamiento-global" suena vago, "cambio-climático" suena más vago aún. ...Hmmm, yo no debería daros esta alerta, pero ...no habéis notado que "calentamiento-global" transmite un sentido de urgencia mientras que "cambio-climático" nó?

Vosotros Calentadores debéis ser específicos! No os olvidéis que la Tierra tuvo y tendrá incontables y diversos cambios-climáticos: diarios, estacionales, cíclicos, glaciales, micro, macro, dañinos, benévolos.

3.-Antes del Siglo Revolucionario tal ignorancia era un detalle trivial

Mientras vosotros escuchábais a nuestros amigos Negadores, notásteis que ellos y los Calentadores exhiben similar ignorancia sobre nuestro Hábitat? Todos ellos asocian a éste con robustas formas tipo globos y esferas, o con vagas imágenes tipo clima o medio-ambiente; pero unos y otros evitan retratos gráciles y precisos.

Es tal "ignorancia" sincera? Una muestra del primer significado de este término: No conocer?

O es fingida? Una muestra de su segundo significado: No prestar atención, eludir, rechazar?

Y la respuesta a estas preguntas es: Ambos escenarios son válidos.

Los seres humanos siempre han **ignorado** lo frágil de su Hábitat: Si durante el pasado virtualmente <u>todos</u> **ignoraban** (no conocían) tal fragilidad; en estos días <u>casi todos</u> la **ignoran** (no le prestan atención).

Pero tamaña descortesía no debe continuar, ya que ella está poniendo en riesgo la mismísima supervivencia de nuestra especie.

Por consiguiente, la Humanidad necesita una masa-crítica de seres humanos dispuestos a cumplir dos importantes misiones: a) Reconocer lo frágil de nuestro Hábitat. b) Trabajar en equipo con tal limitación.

Antes del Siglo 18, insistir en que los seres humanos decidieran si nuestro Hábitat era una robusta esfera o una frágil interfaz, habría sido un ejercicio desconcertante e innecesario.

Por ese entonces, la mayoría de los seres humanos aún no habían completado la transición desde creer que su Hábitat era una inmensa plataforma (fuerte Sr. MundoPlano) hasta aceptar que era más similar a una esfera (fortachón Sr. GloboHábitat).

Y, desde la perspectiva de la BióSfera, la Humanidad era fácilmente tolerable, casi irrelevante.

Es verdad que los diversos **pueblos** humanos <u>ya</u> habían demostrado ser peculiarmente caóticos (tanto entre ellos como dentro de ellos), pero los residuos producidos por sus ***Básicas <u>A</u>ctividades de la <u>D</u>iaria***

Lucha (BADLys) eran fáciles de mantener bajo control (la degradación natural los reciclaba en meses si no semanas).

Es más, instintivamente, *los seres humanos preferían permanecer dentro de su específio hábitat (la AntropoBiósFera, esa subcapa dentro de la BióSfera donde sí puede existir vida humana).*

Sólo aventurarse fuera de esa subcapa signicaba --hasta nuestros más audaces exploradores así lo admitían-- arriesgarse a ser eliminados de la faz de la Tierra y de El Libro de la Historia.

El hecho que los seres humanos habían domesticado diversas plantas y animales, causado la extinción de ciertas especies (como los uros y los dodos), y erigido muchos edificios impresionantes, era aún manejable para la BióSfera, cuyo umbral para nosotros es: *"Mientras los seres humanos vivan dentro de su EspecíficoHábitat, y el detrito de sus BADLys sea naturalmente reciclable, ellos son tolerables."*

¿EspecíficoHábitat? **¡Así es!** Si los seres humanos tenemos genuino interés en preservar, proteger y defender nuestro presente Hábitat, nosotros debemos ser específicos.

Aún ahora, este Halo es el único Hábitat al que tenemos _acceso_.

Es agradable e inspirador enfrascarse en algunas generalidades, y teorizar sobre numerosos hábitats extraterrestres aguardando ser descubiertos y colonizados. Los seres humanos del presente ya hemos acuñado nombres para los hábitats de _futuras-y-mejores_ Humanidades: **AquaMundo** (para los Acuáticos, aquellos humanos que respiran agua); **MarsHaloHábitat** (en Marte, no confundirlo con el GeoHaloHábitat en la Tierra); **DomosSelenitas** (colonias en la superficie de nuestra Luna); **PóliposGanimédicos** (en lo profundo de ese océano salado, 150 millas debajo de la congelada superficie de la luna más grande de Júpiter); **NirvanaBiónico** (los nano-implantes harán que los superhumanos sean lo normal más que lo excepcional); **Pastel-en-el-aire-NavesMadre** (disponibles para ser ocupadas por desertores); **Parqueo Gratuito-y-Desregulado** (para los futuros diplomáticos de las Naciones Unidas).

¡Bien! Luego de observar estos siete exponentes de propuestas del _lejano-futuro_, os invito a mirar en el sentido opuesto, hacia el _reciente-pasado_... ¿Qué portento ocurrió en la Tierra dos siglos y medio atrás?

4.-Pero muy desde entonces ella ha mutado, y ahora es un detalle crucial

Durante millones de años la Humanidad ha ignorado lo frágil de su Hábitat; lo cual es comprensible pues ella estaba muy ocupada ladrando a árboles errados (como el Sr. MundoPlano y el Sr. GloboHábitat).

¿Cómo es entonces que esta ignorancia se ha transformado desde ser un detalle trivial hasta ser un detalle crucial?

Esta mutación empezó hace 250 años, durante la segunda mitad del Siglo Revolucionario, con un rápido influjo de comienzos: La Primera Revolución Industrial (1763), El Nacimiento de la Química Moderna (1773), La Revolución Americana (1775), La Revolución del Pensamiento Económico (1776), La Revolución Francesa (1789), Las Modernas Bolsas de Comercio (Londres y New York hacia 1790).

Al inicio, casi todos los cambios facilitados por estos movimientos fueron <u>aditivos</u>, <u>aritméticos</u>, **<u>lineales</u>**. (Os sugiero asemejar esta etapa con el progreso de un jet-caza carreteando desde el hangar hacia la pista de despegue. Detalle trivial: su cúpula está levantada).

Más tarde, muchos de estos cambios se sinergizaron y convirtieron en <u>multiplicativos</u>, <u>geométricos</u>, **<u>exponenciales</u>**. (El despegue del caza y su casi vertical ascenso. Detalle crucial: su cúpula está cerrada).

Esta rutina "del progreso-lineal al progreso-exponencial" tiene un alias, "del crecimiento-lineal al crecimiento-exponencial" (tal alias es el favorito de esos propagandistas del **<u>crecimiento-a-toda-costa</u>**, muy en especial la fase crecimiento-exponencial). Tales propagandistas temen que reconocer a la *real y frágil* Doña HaloHábitat podría no ser bueno para sus agendas; y por eso ellos continúan ladrándole al *imaginario y robusto* Sr. GloboHábitat.

Entretanto, Doña HaloHábitat está siendo dañada por los efectos colaterales de los crecimientos-exponenciales. Según ciertos expertos, la brutalidad de los ataques infligidos en Doña HaloHábitat... podrían obligarla a desembarazarse de los seres humanos... tan pronto como dentro de las próximas tres décadas!

Pero otros expertos desestiman tal pronóstico como alarmista, y ellos aconsejan a los seres humanos que esperen por más datos.

Pese a tales debates académicos, más y más personas legas quieren saber si algunos crecimientos supuestamente alarmantes son realmente exponenciales; ellas están mareadas con tanta bulla acerca de "huellas". Aclaración: "huella" es el eufemismo contemporáneo en lugar de "amenaza creciendo exponencialmente". Habiendo aclarado tal punto, revisemos algunas huellas; empezando con siete de las más mentadas:

a.-**Huella Invernadero**: Obligadas a reducir sus emisiones de gases invernadero, numerosas organizaciones están recurriendo a diversas estrategias, tales como barajar-recursos, comercializar-créditos, y canjear-raciones. Veamos cómo trabajan:

Un fabricante de autos puede barajar convenientemente su línea de modelos [nafteros/eléctricos/híbridos ó compactos/medianos/grandes]; o comprar la ración que otro fabricante no utilizó.

Las naciones en desarrollo venden sus créditos a las desarrolladas; el pago suele consistir en ayuda externa.

También los Estados pueden canjear sus raciones. El siguiente es un diálogo entre un alto funcionario del CARB (California Air Resources Board) y un alto funcionario del WARB (Wisconsin Air Resources Board):

WARB: Vosotros Californianos debéis pagarnos más por nuestros créditos no usados; después de todo, vosotros tenéis numerosas industrias de alta-tecnología y demasiados autos! ¡Tenéis que cumplir con las CMB (Carbon Market Regulations)!

CARB: ¡Ya cálmate! ¡Vosotros tenéis demasiadas vacas y ellas son incesantes emisoras de metano!

WARB: ¡Vosotros también tenéis muchas vacas!!

CARB: ¡Sí, pero nuestras vacas son vacas felices!

Luego de esta discusión, ambos funcionarios hicieron las paces y fueron a una churrasquería (a expensas de los contribuyentes).

Ahora, por alguna razón, parece que todo el mundo (gobiernos, corporaciones, Calentadores, Negadores) prefieren estar focalizándose en la faceta **gaseosa** de la Huella Carbón.

¿Por qué? Quizás porque esta fase trae consigo menos riesgos políticos, es fácil de distorsionar, parece abstracta, eclipsa otros temas y --como dijo un amigo Negador-- ya que el efecto invernadero puede ser anulado con un sonoro eructo de un super volcán, para qué preocuparse por él?

5.-Y más mutaciones están asomando

b.-**Huella Pavimentación**: En oposición al efecto invernadero, esta huella no parece una abstracción, ya que podéis verla y caminar en ella. Sólo pensad en tantas ciudades en crecimiento incesante, carreteras ensanchadas, mega-parqueaderos, racimos de aeropuertos, fábricas, estadios, casas de todo tipo (de verano, de invierno, como inversión).

Si bien la Huella Pavimentación no puede ser ignorada, ella sí puede ser presentada con optimismo: "Es el precio del progreso, y su implante en suelos fértiles ha sido balanceado por la Revolución Agrícola".

c.-**Huella Inconcluyente**: Quizás vosotros no habéis oído este titular previamente, pero sí habéis oído mucho sobre hallazgos inconcluyentes. Estos son una característica de las entidades burocráticas y académicas, y son periódicos y tímidos.

Por ejemplo: El Panel Intergobernatorio en Cambio Climático (PICC) de las Naciones Unidas reportó en Septiembre 2013 que *"ahora se cree* ***extremadamente probable*** *que la influencia humana sea* ***la causa*** ***dominante*** *del calentamiento global desde mediados del Siglo 20"*.

Si bien este reporte aún no es concluyente, es mucho menos tímido que previos hallazgos del PICC.

Nosotros podemos comprender la ansiedad de los burócratas y académicos por mantener sus empleos y tenurías, pero no debemos aceptar su indecisión; ésta trae consigo un despilfarro mayor de tiempo precioso, recursos fugaces, y la paciencia del público.

d.-**Huella Independentista:** La Independencia Americana del 1776 desató el fervor libertario en todas Las Américas. Hacia 1826 España ya había perdido todas sus colonias en América Continental, y sólo retenía algunas islas en el Mar Caribe. Los Americanos Continentales lograron consolidar su liberación gracias en parte a la doctrina del Presidente James Monroe "Las Américas para los Americanos" (año 1823).

Hoy en día, los simpatizantes de Inmigrantes-Americanos abrazan la Doctrina Monroe; pero los detractores de Inmigrantes-Americanos arguyen que Monroe quiso decir "América para los Americanos". Sí, ¡adivináisteis correctamente! El Congreso Americano está reestudiando esta doctrina; pero sus hallazgos han sido... inconcluyentes.

El fervor independentista siguió proliferando,, y sus frutos nutren la corriente membresía de la Organizacón de las Naciones Unidas (ONU): Desde 46 miembros en el 1945, ésta llegó a 193 en el 2013; y se espera que alcance 460 para el 2045. (Diez veces más grande ¡qué buen regalo para celebrar el Centenario de la ONU!)

Si vosotros creéis este cálculo es irrealístico, debéis saber que cada miembro de la ONU tiene su propio popurrí de distritos separatistas.

Algunos separatistas ya han puesto a circular sus nuevos nombres: Italia Septentrional, Canadá Francófona, Texas4.1, Carolina Central, Australia Austral, Australia Boreal, Gourmet Francia (millones de los Franceses se resisten a incorporar la comida-rápida en su estilo de vida).

Tanto independentismo debería impulsarnos a preguntar a la ONU: ¿Cuál de estas dos prioridades toma precedencia? ¿Reclutar nuevos miembros o proteger el HaloHábitat de la Humanidad?

e.-**Huella Burbuja:** La mayoría de niños en edad preescolar conocen exponencialidad y efimeralidad. Quizás ellos no han oído tales palabras, pero ellos sí que saben cómo hacer burbujas con agua jabonosa, y cuán transitorias son estas burbujas.

Mientras tanto, los adultos tenemos que lidiar con otras clases de burbujas y sus legados: burbuja internet, burbuja habitacional, burbuja educacional, burbuja bursátil, burbuja de privilegios, burbuja arrogante.

f.-**Huella Personal:** Es aconsejable que tú monitorees tu propio impacto ecológico individual; pues éste es el área donde tú puedes ejercitar más cambios. Tú deberías esmerarte siempre en minimizar las numerosas huellas que tú generas a través de tu hogar, enseres, estilo de vida, plásticos, BADLys, y demás.

g.-**Huella de ALIMENTOS genéticamente manejados:** El presumido aviso *"Si tú necesitas averiguar el precio de este ítem, él no está a tu alcance"* tiene un primo lejano, el servicial *"Estos alimentos han sido genéticamente manejados, para ponerlos a tu alcance."*

Tal manejo puede ocurrir en cualquiera de las facetas ---*semillas, abonos, pesticidas, forrajes, antibióticos, tratamiento del agua, hormonas, envasamiento*--- de la producción de los alimentos; tanto los procesados como los naturales ¡y aún los alimentos orgánicos!!

6.-Ellas son llamadas huellas pese a que algunas son estampidas

Mientras nos acercamos a algunas huellas casi nunca mencionadas, si vosotros os preguntáis por qué tal silencio, considerad este poderoso disuasivo: Meramente mencionar estos inmencionables puede truncar las carreras, sepultar las fortunas y demoler el top-status de políticos, empresarios, clérigos, celebridades, periodistas, burócratas, etc..

De ahí el lema *"Si tú deseas mantener tu top-status, ni se te ocurra pensar en los inmencionables."*

Amigos míos: mis padres me criaron frugal, yo amo mi simple estilo de vida, y soy sólo un alegre-va suertudo-vuelve guía de turistas. Ya que yo no tengo top-status que mantener, me aventuro a mencionar cuatro inmencionables.

A.-Huella Arrogantes-Aristócratas: Mientras la revolución asomaba en Francia, los aristócratas seguían ignorándola. En quizás el rumor más discutido acerca de meter-la-pata-en-la-boca, ante el clamor *"¡El pueblo quiere pan!"* la Reina María Antonieta replicó *"¡Que coman tortas!"*. Demás está decir que este rumor exacerbó la ira popular.

Los eruditos en La Revolución Francesa alaban su ideal "Libertad, Igualdad, Fraternidad"; pero ellos no están muy felices con su popular-en-**todo-nivel-social** legado mundial *"¡Comer mi torta y guardarla!"*

Hoy en día, la Humanidad está bombardeada por la propaganda consumerista: "El cliente es el Rey. El cielo es el límite. Tú lo vales. Eso te corresponde. Ellos te lo deben. Está ahí para ser tomado. Captúralo." (Estos son los ejemplos discretos; para ver los más atrevidos tipead 'consumerism propaganda' en cualquier motor de búsqueda.)

Inenarrables eventos nos han enseñado ésto: Cuando las virtudes se ejercen en demasía, ellas pueden volverse defectos; esperanza se vuelve procastinación, caridad se vuelve complicidad con malhechores, dignidad se vuelve pomposidad, orgullo se vuelve arrogancia.

Parece ser que la propaganda consumerista ha acelerado la llegada de la segunda promesa de La Revolución Francesa, Igualdad Social; ......¡Ejem! Una grotesca igualdad social, pero igualdad al fin.

La Humanidad es ahora una civilización de Aristócratas, cada nación del mundo está plagada por ellos: Arrogante peatón/Arrogante chofer.

Arrogante viejo/Arrogante joven. Arrogante contribuyente/Arrogante indigente. Arrogante académico/Arrogante analfabeto. Arrogante virtuoso/Arrogante pecador.

B.-Huella Inusual-Obesidad: La desazón por el creciente número de gente obesa, es agudizada por las inusuales formas de la obesidad moderna. Tales formas sugieren que el *aire*, el agua y los alimentos que ingerimos contienen trazos de sustancias semi-hormonales.

¿Una posible fuente? Microscópicas escamas plásticas. (Provenidas de envases, maquillaje, telas, cojines, autos, útiles escolares, juguetes.)

Veamos: 16 *respiraciones* por minuto × 1440 minutos por día × 365 días = 8.4 millones de *respiraciones* por año.

La obesidad *moderna* quizás sólo sea la punta del *Iceberg-Ingestivo*; muchas otras condiciones (de desarrollo, inmunológicas, de conducta) podrían deberse a la ingestión de *modernas* partículas microscópicas.

C.-Continentes de Residuos NoBioDegradables Siembran Extinción: (CR_NBDSE). En inglés, el equivalente de este acrónimo es **CURSE** (maldición). El primer continente hecho de R-NBD se ha estacionado en el centro "ocioso" del Pacífico, un segundo está convergiendo en un área "ociosa" del Atlántico, y hay muchas islas e islitas hechas de R-NBD.

Desde el año 1950, 1.5 billones de toneladas de plásticos han sido descartadas; parece que parte de ellas están acumuladas en los CURSE.

D.-Huella BADLys: Hoy en día, las **Básicas-Actividades-de-la-Diaria-Lucha de cualquier ser humano** generan **Residuos NoBioDegradables (R-NBD)**. (¿Has tratado de calcular tu propia huella BADLys personal?)

El advenimiento del plástico facilitó la producción de utensilios baratos y livianos. Como estos enseres son tan accesibles, ellos son usados en masa y descartados en masa por las masas de consumidores.

Enumeremos algunos enseres relacionados con los BADLys: Envases de comida, platos, vasos, cubiertos. Frascos o saquitos para jabón, dentífricos, champú, píldoras. Paños, afeitadoras, guantes, máscaras.

He aquí una pregunta: Hacia la edad en que un Juan-Promedio moderno se retira, cuál es el monto de R-NBD que él ha generado?

Y sus dos respuestas: En peso? una tonelada. En volumen? un tráiler. (Además de sus BADLys, Juan-Promedio ha consumido crianza, escuela, socialización, vivienda, transporte, medicina, hobbies...)

7.-Es hora que los VIPs del presente hablen menos eufemísticamente

Pero antes, y para ser justo con las Very Important Persons, es preciso admitir lo siguiente: A lo largo de la existencia de la Humanidad, virtualmente todos sus VIPs han recurrido a eufemismos. Es más; quizás algún día conozcamos culturas más avanzadas, no Humanas, y entonces aprenderemos que sus VIPs también prefieren recurrir a eufemismos.

¿Por qué tal prefencia? Hay numerosas y muy válidas razones que la explican; prestemos atención a cuatro de ellas:
- Auto-preservación: (Esta razón se explica por sí misma.)
- Codicia: Algunos VIPS pueden preguntarse "¿Para qué me sirve ser influyente si no me resulta lucrativo?"
- Prudencia: Los VIPs saben que sus comentarios abiertamente francos pueden causar grave daño a otras personas o misiones.
- Paciencia: A veces, hasta los VIPs deben esperar; cierta duda los frena ¿y si las masas no están listas para escuchar la verdad?

Por lo tanto, parece que la carga de hablar-francamente recae en los hombros de los **no-VIPs**; o sea la gran mayoría de nosotros.

Estamos a punto de visitar otras tres estampidas; éllas se hallan en el camino al último pabellón, aquél donde son presentadas algunas modestas propuestas para proteger a Doña HaloHábitat.

I.-Huella Sobrepoblación-Humana:

Hacia 1760, la Humanidad había necesitado 2.5 millones de años para llegar a los 750 millones de habitantes. Y ahora, en el 2014, nuestra población es 7,500 millones.

¡Crecer diez veces en un diezmilésimo de tiempo! ¡Un crecimiento exponential de cien mil veces!

(750 millones × **10** = 7.5 billones)

(250 años ÷ 2.5millones de años = **0.0001**) (10 ÷ 0.0001 = **100,000**)

Ahora bien, si casi todos los 7.5 billones de humanos del presente alcanzan la edad de retiro; y cada uno de nosotros genera por lo menos una tonelada de liviano R-NBD: ¿Dónde va ir a parar este equivalente a 7.5 billones de trailers de Residuos NoBioDegradables? ¿Es éste el origen de cinco nuevos continentes CURSE?

II.-**Huella Escapismo-Mundial:**

Además de ubicuo, este escapismo es errático, zigzagueante, atrás-y-adelante. A pie, en barco, por avión. Jóvenes del TercerMundo migran al PrimerMundo; ancianos del PrimerMundo se trasladan al TercerMundo. Ruralistas aburridos ansían la vida de la gran ciudad; citadinos cansados huyen para el campo. De la realidad doméstica a la realidad virtual. Buscar alivio vía de las compras, el sensorialismo y las drogas. De las casas a los búnkers. De disfrutar comida real a disfrutar manjares de polvo (añade agua—remueve—bébete este asadito).

Si bien la mayoría de estos escapistas parecen inofensivos, algunos son definitivamente peligrosos; especialmente aquéllos que desprecian este HaloHábitat, el único hábitat al que la Humanidad tiene acceso.

¿Por qué es tan difícil para estos últimos entender lo siguiente?: Herir nuestro HaloHábitat es lo mismo que herir innumerables seres humanos, tanto de las presentes como de las futuras generaciones.

¿Habéis visto algunos de estos habituales sospechosos?: Los que contaminan a Doña HaloHábitat. Los que pontifican contra ella. Los que financian transbordadores espaciales hacia la nada. Los dispuestos a entumbarse en plástico (¿Habéis visto sus kits de sobrevivencia?). Los que veneran la tecnología. Los que veneran la burocracia.

III.-**Huella Fatigados-de-calamidad:**

En esta era de sobrecarga informativa, billones de seres humanos muestran síntomas de sobreexposición a las advertencias calamitosas:

Millones de ellos parecen realmente ansiosos y preguntan sin parar ¿cuándo llegará el nuevo mundo, por qué tarda tanto en manifestarse?

Millones están hartos; ellos no quieren oír más de falsas alarmas, ventas de "oferta" por el día final, lecturas sobre el Hábitat (como ésta).

Millones se han vuelto impacientes Juanes-Calamidad buscando vías para acelerar la llegada del nuevo mundo. Como algunas vías requieren la aniquilación de este HaloHábitat, muchos de estos tipos se fascinan con armas de destrucción masiva y no les importa el medio ambiente.

Millones no quieren rendirse pero ya están pensando *"Quizás ya ha llegado la hora en que los seres humanos disfrutemos con gratitud los capítulos finales de este épico viaje con Doña HaloHábitat; y que aceptemos con filosofía lo que el Destino nos depare."*

Millones están en negamiento.

8.-¿Por qué los moradores del PrimerMundo no pueden ver el deterioro del HaloHábitat?

¡Claro que lo pueden ver! Quizás desde lejos, mirando noticieros televisivos sobre tierras lejanas y remotas. O quizás desde muy cerca, caminando por un vecindario que ellos suelen eludir. Viendo tanta gente recién-llegada, oyendo sus exóticos acentos; en las salas de emergencia de hospitales, en las escuelas, en una sucursal nueva de una antigua congregación: Bienvenidos a la Era de Refugiados-Ambientales!

Los PaísesDestino (PDs) han aceptado refugiados que huyen de países donde padecen persecución, incluso muerte, por sus creencias. Es más, siguiendo las fluctuaciones de la economía, los PDs han sido más o menos receptivos de refugiados huyendo de la pobreza. Y ahora, los PDs están conociendo una nueva clase de refugiados, aquéllos perseguidos por desastres ecológicos.

Presionados por sus abrumadas ciudadanías, los gobiernos de los PaísesDestino están recurriendo a variadas herramientas políticas.
Algunas de tales políticas son frías:
1) Brindar ayuda exterior a gobiernos de PaísesOrigen, provisto que éstos frenen el éxodo de sus ciudadanos.
2) Dictar leyes inmigratorias que sólo consideran aquellos aplicantes que aguardan en sus PaísesOrigen.
3) Volverse PaísesTránsito, animando "sutilmente" a los refugiados a proseguir el viaje. Una reciente muestra de este ardid fue provista por algunos oficiales en Italia; ellos procuraron pases y boletos de bus a refugiados de Libia y Somalia, ex colonias de Italia. (¿Próximas paradas? Los PaísesDestino alternativos: Alemania, Suecia, Noruega…)
Y otras políticas son crueles:
1) Mirar hacia el otro lado mientras ultra militantes NEMDISTas (No-En-Mi-Distrito) asaltan a los refugiados.
2) Confinar en prisión a los refugiados (esta política garantiza un beneficio extra: complacer a las corporaciones de prisiones-privadas).
3) Infligir una perversa tortura, falsa esperanza: brindar promesas vacías a los refugiados, y usarlos como peones de agendas políticas.

Además de persecución en sus Países de Origen, los Refugiados-Ambientales enfrentan muerte: Por envenenamiento (aguas poluídas). Por hambrunas (ciclos sequía-inundación). Por luchas letales disputando recursos en vías de extinción (éstas se entretejen con guerras sectarias y cambios de régimen). Por tifones nunca antes vistos. Pero, en primer lugar, cómo fué que estos refugiados acabaron siendo presa de la persecución ambiental?

Parte de esta tragedia se debe a hábitos del TercerMundo, como: 1) Minería informal (envenena las aguas). 2) Sobrecultivo (conduce a deforestación y más inundaciones). 3) Sobrepoblación.
Y parte a prácticas del PrimerMundo, como: 1) Sobrepoblación **vicaria**: Para **desacreditar** las **políticas** poblacionales de naciones del TercerMundo, **agentes proselitistas** del PrimerMundo se mudan a tales naciones. 2) **Versatilidad**: Cuando los **bancos** ictícolas de países **ricos** dan **señas** de **vaciamiento**, las flotas del PrimerMundo **optan** por pescar en mares de los países **pobres**. 3) Los 1.5 **billones** de **consumidores** del PrimerMundo **suman** 20% de los **mercados** mundiales; pero **gastan** 80% de la **extracción anual** de **recursos** no-renovables. 4) **Inversores** del PrimerMundo están **acaparando bienes** acuáticos, agrícolas y mineros en el TercerMundo. 5) Cuando las **corporaciones** reasignan **fuentes**, ellas no siempre lo **revelan** a Juanes-Promedio, **prensa** o **reguladores** en el PrimerMundo. 6) Entonces, culparíais vosotros a Juan-Promedio por no saber de un **discreto canje efectuado** a miles de millas de su hogar?

Muchos términos del párrafo anterior han sido remarcados; ésto se hizo para que podamos hablar brevemente sobre **sagacidad financiera**, Esta es una habilidad con aplicabilidad mundial, todos deberían adquirirla; no sólo para evitar ser víctimas de otros civiles o del IRS, pero también para prosperar dentro del sistema.

La recesión financiera del 2008 dejó a millones sin empleo; pese a ello, muchos Hals (**H**appy **a**nd **l**ucky guys) siguieron con su costoso estilo de vida. ¿Cómo? Ellos "sabían" que iban a hallar empleo dentro de los seis meses; y ellos tenían ahorros y varias tarjetas de crédito. ¡Y así fué! Estos Hals hallaron mejores empleos prontamente, y ni aún sus vecinos immediatos se enteraron de su breve desempleo. ¡Bien por ellos!

9.-¿Quién está pagando las consecuencias de este deterioro?

Ahora que podemos ver a los Refugiados-Ambientales como una manifestación de la deterioración de Doña HaloHábitat, nos acosa una pregunta financiera: ¿Quién paga las secuelas de tal deterioro, y cómo?

Estas son algunas respuestas tentativas: Quizá los países pobres con sus recursos naturales. O los países ricos con sus paquetes de ayuda exterior. O los habitantes del TercerMundo con sus lágrimas y pesares. O los trabajadores del PrimerMundo tributando pesados impuestos. O esos generosos trillonarios donando billones a fundaciones caritativas.

Y ésta es una respuesta integrativa: Todos y cada uno de ellos; mediante el pagador final, Doña HaloHábitat. Esta respuesta añade un alerta: ¡No confundáis ser el pagador final con pagar el precio final!

Los seres humanos siempre hemos percibido que nuestro Hábitat puede existir sin nosotros. Tal percepción fué atendida primero por las enseñanzas religiosas, y más tarde por las filosóficas y financieras. Por desgracia, seres humanos al fin, nosotros hemos torcido y estirado convenientemente tales enseñanzas.

Casi todas las religiones afirman que Dios nos ha concedido acceso libre-de-alquiler a este Hábitat. Muchas fés proclaman que somos los plenos dueños del Planeta Tierra. Y algunos credos nos advierten no apegarnos demasiado a este mundo temporario, porque el mundo permanente y mejor está por llegar.

Sea cual sea el caso, ninguna religión mayor nos da permiso para dañar este Hábitat; no importa si éste es temporario o permanente.

Toda religión mayor tiene facciones que sueñan con acelerar la llegada del mundo venidero. Desafortunadamente, algunas de dichas facciones han diseñado una movida acelerante pero demencial: destruir el mundo presente. Y así, ellas están apilando armas, construyendo búnkers, agregando polución no biodegradable, azuzando guerras, etc..

Religión significa **_de nuevo_** (RE) **_unirse_** (LIGARE) con Dios; filosofía significa **_amar_** (PHILO) **_sabiduría_** (SOPHIA). Como Dios es la Sabiduría

Suprema, es esperanzador imaginar a la religión y la filosofía como las dos caras del anillo más precioso

Tal esperanza soporta nuestra creencia que a Dios le agradan la mayoría de los logros artísticos y científicos de los seres humanos (o sea *esos logros que no ponen en peligro nuestro Ecosistema*).

Economía significa **casa** (ECO) **manejo** (NOMIA); sin embargo, como eco resuena algo casera, mucha gente prefiere un sinónimo que no será tan exacto pero sí resuena más glamoroso: finanzas.

Cuando los seres humanos actúan en finanzas, ellos utilizan muchos métodos, tanto éticos como inéticos. Veamos cinco de estos últimos:

a.-Falsas apariencias: Firmar un contrato sin intención de cumplirlo, o abrigando objeciones mentales.

b.-Renegar de las obligaciones: Cambiar de idea; romper el trato.

c.-Malversación: Escamoteo de fondos. Vaciamiento.

d.-Esquema Ponzi: Un tipo conocedor (connoisseur) cautiva algunos inversores, les paga intereses mejores que el promedio; ésto atrae más inversores; durante todo ese tiempo, el tipo se paga espléndidamente. ¡Eso es todo! Este festín puede transcurrir indetectado por años, siempre y cuando nuevos inversores suministren nuevos fondos.

e.-Esquema Cebolla: Un tipo logra un préstamo, paga puntualmente sus cuotas mensuales y, luego de varios meses, lo renegocia (y por un monto mayor). Ahora que los bancos creen que el tipo es un buen riesgo, él puede añadir nuevas capas de crédito. Su cebolla se expande!

Lo lindo del Esquema Cebolla es que no es un crimen: Luego de un gozoso interludio, un deudor puede decidir que "no puede" pagar sus deudas; así que él frena algunas pérdidas y declara bancarrota. ¡Eso es todo! Ahora sus deudas son problema de bancos y contribuyentes.

Ya desde el alba de la Historia, métodos como los arriba listados asistían a los grandes deudores: reinos y naciones. En esos tiempos, los pequeños deudores eran enviados a prisión o a trabajos forzados, pero éso ya no ocurre más. Y así, esta moderna impunidad ha vuelto más osados a innumerables Juanes-Promedio y pequeños empresarios.

El problema con todas estas clases y tamaños de deudores es que ellos pueden volverse adictos a declarar bancarrota. La excitación y rebajas impositivas que ésta trae no tienen precio. ¿Por qué no recurrir a ella cuando hay que negociar con Doña HaloHábitat?

10.-Diecisiete Modestas Propuestas para defender nuestro HaloHábitat

Recién hemos sido notificados que Doña HaloHábitat es el pagador final, pero que ella no pagará el precio final. Quizás Doña HaloHábitat se disolverá y nos llevará con ella; o quizás ella simplemente frenará sus pérdidas y nos descartará. Ella es una dama con sagacidad financiera, y ella sabe que tiene numerosas opciones.

Y de ahí la 1ª MP:

Los seres humanos debemos entender que Doña HaloHábitat sí puede descartarnos, pero nosotros no podemos descartarla.

2ª MP: *Debemos recordar que fuera de la vista significa fuera de la mente, pero éso no significa fuera de nuestra existencia.*

Los océanos cubren 70% de la superficie del Planeta Tierra; grandes cambios y poluciones convergen en sus áreas "ociosas" y "remotas", pero sus pichones están aterrizando y congregándose en tierra!!

3ª MP: *Debemos mirar más allá de la huella GASEOSA del carbón* (emisiones de gases invernadero).

Irónicamente, esta cortina de humo oculta a la huella SOLIDA del carbón (continentes, islas e islitas de plásticos descartados).

4ª MP: *Debemos mirar más allá del escenario de toda actividad, evento o producto; y patrocinar aquéllas que generan menos residuos.*

El oropel y brillo de los espectáculos, la pompa y circunstancia de las ceremonias, los pasillos de las tiendas, los envases de los productos, la ruleta de la moda, los hobbys, las tradiciones familiares,... toda actividad, evento o producto genera un monto de residuos "evitables'.

5ª MP: *Debemos esmerarnos en alcanzar un Nivel Responsable de Población Humana (NRPH); el primer paso hacia esta meta consiste en mirar más allá de la barrera de eufemismos.*

Pero, dónde está esa barrera? Cuando la gente usa expresiones como "carrera-de-ratas educacional", "madres tigresas", "post-graduados desempleados", "ésta es la nueva normalidad", qué es lo que están implicando? ¿Están ellas aludiendo a la sobrepoblación?

6ª MP: *Defender nuestro Hábitat tiene que ser nuestra máxima prioridad pragmática.*

Todas las otras prioridades pragmáticas de la Humanidad: seguridad, empleo, salud, educación, vivienda, paz, infraestructura..... son viables sí, y sólo sí, nuestro Hábitat es viable.

7ª MP: *Debemos apreciar el poder del sinergismo.*

Pequeñas obras actuando juntas producen inmensos resultados.

¡Y nosotros podemos empezar ahora mismo! ¡Reduciendo nuestra huella-personal! (BADLys, estilo de vida, demandas, desorden, detritus).

8ª MP: *Nosotros, como individuos, debemos persuadir a nuestras corporaciones a reducir su huella-corporativa.*

El sinergismo de millones de individuos minimizando nuestras huellas-personales quizás consiga inspirar a nuestras corporaciones (gobiernos, comités, congregaciones, negocios, lugares de trabajo, barrios, escuelas, clubes, familias).

¿Quién sabe si nuestros ejemplos individuales lograrán persuadir a nuestras corporaciones? ¡Pero algo tenemos que hacer!!

9ª MP: *Debemos frenar el reclutamiento irresponsable.*

Virtualmente, y sea cual sea su especialidad, todos los proselitistas deben satisfacer ciertas cuotas para avanzar sus agendas.

Sin embargo, y desafortunadamente:
- Algunos políticos articulan promesas vacías.
- Algunos financistas venden productos financieros confusos a clientes confundidos.
- Algunos proselitizadores, enviados al TercerMundo, no explican realmente a los potenciales conversos que la conversión no es un boleto de entrada al PrimerMundo. Paradójicamente, los ardientes spónsors de tales proselitizadores figuran (¿podéis creerlo?) entre los más despiadados enemigos domésticos de tan "inesperados" inmigrantes.

10ª MP: *Debemos tomar medidas para evitar el racionamiento.*

La recesión financiera del año 2008 creó millones de desempleados. Cerca del uno por ciento de ellos hallaron muy pronto mejores empleos; de ahí su afectuoso apelativo, los Hals. (**H**appy **a**nd **l**ucky guy**s**)

Inicialmente, tanto los expertos como los legos se referían a esta recesión como "la crisis". Pero ahora, seis años después, debido a su inesperada duración y enormidad, ella es llamada "La Gran Recesión"; y muchas de sus víctimas son conocidas como los Larrys. (Lengthy and rudely rationed guys)

Lo que llegó en el 2008 fué un rebalance financiero y, la verdad sea dicha, la gente podía verlo venir. Pero la gente estaba en negamiento.

Parece que otra clase de rebalance se está aproximando y, ya que hay tantos Negadores, vale mencionar esta advertencia: *"Cuando llegue la hora del rebalance medioambiental, todos seremos Larrys."*

11ª MP: *Debemos abandonar la burbuja del crecimiento* (exponencial, a largo plazo, constante, del reclutamiento).

Recordemos la metáfora del avión: Este no puede ascender sin cesar, tarde o temprano quedará sin aire bajo las alas o sin combustible.

Ya es tiempo que la Humanidad preste más atención a otras fases de su misión: altitud de crucero, disfrutar del vuelo, descenso, aterrizaje suave, descansar, evaluar, planificar, reabastecer.

12ª MP: *Debemos abrazar la frugalidad.*

No debemos confundir frugalidad con pobreza o pauperismo. Frugalidad es la decisión de vivir ricamente con menos cosas, ésta fortalece a los seres humanos y complace a Dios. Pobreza es la decisión de vivir ricamente con más cosas, ésta debilita a los seres humanos y disgusta a Dios. Pauperismo es un hecho, no una decisión, y todos debemos contribuir a rescatar a las víctimas de tal infortunio.

13ª MP: *Debemos rechazar aquellos proyectos-políticos que exacerban la sobrepoblación.*

Muchos políticos se vuelven ansiosos acerca de su "legado", y así propulsan caprichosos projectos mascota sin considerar los costos.

Algunos de tales proyectos pueden exacerbar la sobrepoblación, el daño a prístinas áreas, y la deuda fiscal; tal es el caso del tren-bala Californiano. Este sueño del corriente Gobernador ya ha perdido gran parte del soporte financiero "prometido" y del apoyo de los votantes; aún así, este Gobernador se obstina en culminar este "legado"!!

Los votantes Californianos están viendo que el tren-bala va a ser un parásito financiero, un elefante blanco que exigirá subsidios perpetuos.

¿Sabíais vosotros que en Europa y Asia, aún en sus regiones sobrepobladas, la mayoría de las rutas de trenes-bala son subsidiadas? ¡Muy pocas de tales rutas son genuinamente auto-sostenidas!

14ª MP: Madre Naturaleza, Madre Tierra, Doña HaloHábitat; estas caracterizaciones femeninas, además de reconocer que las mujeres son la fuente de vida y bondad, son un *Llamado a la solidaridad femenina:*
¡Damas! Sólo vosotras podéis apaciguar a Doña HaloHábitat; sólo vosotras podéis impedir que los machos alienemos irreparablemente a Doña HaloHábitat.

15ª MP: *¡Damas! No contéis con nosotros los machos para liderar las misiones que únicamente vosotras debéis liderar.*
Vosotras debéis examinar uno de los ejemplos más decepcionantes de misión correcta ↔ liderazgo inadecuado: la tarea de alcanzar un Nivel Responsable de Población Humana (**NRPH**) ha sido encomendada a …..nosotros? …..los machos!?
¡Damas! Echadle una mirada panorámica al predominantemente masculino liderazgo de la Humanidad. ¿No habéis notado vosotras que ---en lo que se refiere a **NRPH**--- nosotros los machos quizás tengamos las mejores intenciones, pero no sabemos de qué estamos hablando?? …..¡No confiéis en nosotros!!
¡Damas! Vosotras debéis mantener en vuestra mente que, en las esferas del egoísmo y la idiotez, nosotros los machos somos mucho más egoístas e idiotas que vosotras. …..¡No vayáis a esas esferas!!

16ª MP: ¡Damas! Vosotras tenéis lo necesario para preservar, proteger y defender el HaloHábitat de vuestros hijos y nietos:
¡Aplicad vuestros poderes! Racionales, espirituales, educacionales, financieros, sociales, femeninos, de decidir, de encantar, de la cartera.

17ª MP: *La Humanidad necesita nuevas ideas en el nivel MACRO de la Filosofía, la Religión y la Economía.*
En otras palabras, nuevas contribuciones a los Planes Maestro.
Damas, vosotras sabéis que vuestras contribuciones a estos universos han sido rechazadas por nosotros los machos arrogantes; pero nosotros todavía os necesitamos.
Es difícil admitir ésto pero, sin vosotras, estamos perdidos!